LA
TRANSCRIPTION DES VENTES

EN DROIT HELLÉNIQUE

D'APRÈS LES MONUMENTS ÉPIGRAPHIQUES
RÉCEMMENT DÉCOUVERTS

PAR

Rodolphe DARESTE

MEMBRE DE L'INSTITUT
CONSEILLER A LA COUR DE CASSATION

PARIS

L. LAROSE ET FORCEL

Libraires-Éditeurs

22, RUE SOUFFLOT, 22

1884

LA
TRANSCRIPTION DES VENTES

EN DROIT HELLÉNIQUE

D'APRÈS LES MONUMENTS ÉPIGRAPHIQUES

RÉCEMMENT DÉCOUVERTS

PAR

Rodolphe DARESTE

MEMBRE DE L'INSTITUT
CONSEILLER A LA COUR DE CASSATION

PARIS

L. LAROSE ET FORCEL

Libraires-Éditeurs

22, RUE SOUFFLOT, 22

1884

Extrait de la *Nouvelle Revue historique de Droit français et étranger.*

LA

TRANSCRIPTION DES VENTES

EN DROIT HELLÉNIQUE

D'APRÈS LES MONUMENTS ÉPIGRAPHIQUES

RÉCEMMENT DÉCOUVERTS

Dans la plupart des villes grecques, la loi avait pris des mesures pour assurer la publicité des droits réels. En général, on transcrivait sur une stèle de marbre un extrait des contrats emportant translation de propriété. Cette transcription s'appelait ἀναγραφή et complétait la translation, en la rendant opposable aux tiers. Aristote dans sa *Politique* (livre VII, chapitre 5) et Théophraste dans son *Traité des lois* (fragment conservé dans le recueil de Stobée, chapitre 42), font connaître cette institution.

De récentes découvertes épigraphiques viennent compléter sur ce point important les indications d'Aristote et de Théophraste. Les quatre inscriptions dont nous donnons ici la traduction et l'analyse juridique peuvent servir de base à l'étude de la transcription dans le droit hellénique

La première, et de beaucoup la plus intéressante, provient de l'île de Ténos, et se trouve aujourd'hui au *British Museum*. Bœckh l'a publiée dans le *Corpus inscriptionum græcarum*, sous le n⁰ 2338, mais d'après une copie imparfaite. Un nouveau texte, beaucoup plus complet et plus exact vient d'être donné par M. Newton dans le Recueil des inscriptions grecques du *British Museum*, tome II (1883), n° 397.

La seconde inscription, trouvée à Amphipolis, a été publiée pour la première fois par Pantazidès dans le Recueil intitulé *Philistor*, en 1862.

La troisième, trouvée dans l'île d'Amorgos, a été publiée pour la première fois par Weil dans le premier volume des *Mittheilungen des archæologischen Instituts in Athen* (1876).

Enfin la quatrième, qui se compose de plusieurs fragments, a été trouvée dans l'acropole d'Athènes et publiée pour la première fois par Ross, en 1847. Nous suivons ici le texte donné par M. Köhler dans le deuxième volume du *Corpus inscriptionum Atticarum* (1883), sous le titre de *Rationes centesimarum*.

Une cinquième inscription, trouvée en 1873 dans l'île de Myconos, contient une sorte de registre des constitutions de dot et fournit un point de comparaison intéressant. Mais cette inscription a été, ici même, l'objet d'une étude approfondie de notre collaborateur M. Barrilleau. Nous ne pouvons rien ajouter à s on savant travail.

I.

La population de Ténos était d'origine ionienne comme celle de l'Eubée et de l'Attique. Les lois civiles et politiques étaient à peu près les mêmes qu'à Athènes. Une inscription du premier siècle avant notre ère, conservée au Musée du Louvre, à Paris, et publiée par Bœckh sous les n⁰ˢ 202 à 206 du *Corpus inscriptionum græcarum* contient plusieurs listes des magistrats de Ténos. Ils étaient alors renouvelés tous les six mois. On y remarque un archonte, qui est le magistrat éponyme, et trois astynomes.

Le texte que nous allons étudier est intitulé : *Registre des ventes immobilières et des constitutions de dot*. La seconde partie, celle qui contenait les dots, ne nous est point parvenue, mais la première nous fait connaître par extrait quarante-sept actes de ventes passés, ou du moins transcrits, sous l'archontat d'Aminolas, dans une période d'environ quinze mois.

Nous venons de voir qu'à Ténos les magistrats étaient renouvelés tous les six mois, mais peut-être en était-il autrement à l'époque du monument que nous étudions; on peut conjecturer que les magistrats restaient en fonctions un an entier, et même plus, ou qu'ils étaient rééligibles.

A la première ligne du monument, après le nom de l'archonte Aminolas, il y a une lacune. Le texte de M. Newton donne..... ους αστυ....... ωσιν. Nous pensons qu'il faut restituer πρὸς τοὺς ἀστυνόμους, et que les mots qui suivent sont les noms propres des trois astynomes. Ces magistrats étaient chargés de la police urbaine et de la voirie. On peut supposer qu'ils avaient à Ténos la charge de tenir les registres de transcription, et d'admettre ou de rejeter les actes présentés à la formalité. La préposition πρός est d'ailleurs technique en pareil cas. Aristote, dans le passage cité plus haut s'exprime en ces termes : Ἑτέρα δ᾽ἀρχὴ πρὸς ἥν ἀναγράφεσθαι δεῖ τά τε ἴδια συμβόλαια καὶ τὰς κρίσεις ἐκ τῶν δικαστηρίων.

Quoique l'île de Ténos fût très petite, la population y était cependant divisée en plusieurs tribus et phratries, comme on le voit tant par notre inscription que par une autre inscription de Ténos qui est actuellement au Musée du Louvre et que Bœckh a publiée sous le n° 2330. Nous ne nous attacherons pas à en donner la liste, non plus qu'à restituer le calendrier Ténien dont nous ne connaissons, malheureusement, que neuf mois sur douze. Nous devons seulement dire quelques mots des actes dont on va lire la transcription, et des inductions qu'on peut en tirer pour la connaissance du droit civil tel qu'il était pratiqué à Ténos.

Les quarante-sept actes dont il s'agit sont tous des actes de vente, en la forme, mais au fond plusieurs d'entre eux sont des rétrocessions, faites en exécution de pactes de rachat stipulés dans des ventes antérieures. L'opération principale a donc été un prêt d'argent.

C'est probable pour le n° 2, où le texte offre malheureusement des lacunes. Cela est certain pour le n° 7, en partie pour le n° 12. Il est question d'un rachat de ce genre dans le n° 30. Le n° 34 est une dation en paiement. Le n° 39 est une rétrocession pure et simple. Les n°ˢ 40 et 41 ne forment en réalité qu'une seule opération : Phaniko achète une propriété de 8,000 drachmes, et revend immédiatement à un tiers la moitié de cette propriété, pour 4,000 drachmes. Il y a aussi un lien entre les n°ˢ 44 et 45 par lesquels trois personnes achètent certains terrains pour 300 drachmes, et les revendent immédiatement, pour le même prix, à leur vendeur. Le second acte détruit le premier. C'est en réalité une résiliation. Les deux actes sont présentés et transcrits le même jour. Enfin, le n° 46 est expressément l'exercice d'un réméré à la suite d'un prêt d'argent.

La formule ordinaire des actes est : un tel a acheté, ἐπρίατο. Toutefois on remarque au n° 30 une autre formule : un tel a vendu, ἀπέδωκε, et l'acheteur n'est même pas nommé.

Les mineurs et les femmes ne contractent qu'avec l'assistance de leurs tuteurs, κύριοι. Mais cette formalité suffit, pour acheter comme pour vendre. On trouve au n° 2 une vente faite entre deux personnes ayant le même tuteur. Au n° 7, Axioniké fille de Pythocritos, de Thrya, achète un immeuble assistée de son kyrios Alkisthénès fils d'Aglogénès de Thrya. Au n° 10 la même Axioniké vend un autre immeuble, et cette fois elle est assistée de trois kyrioi, à savoir Isandros et Thebæos, tous deux fils de Pisicratès, de Thrya, et Pisicratès, fils d'Isandros. Comme les deux actes sont séparés par un intervalle d'au moins un mois, on pourrait croire qu'Alkisthénès est décédé depuis la rédaction du premier acte, et qu'il a été remplacé pour le second par les trois tuteurs, Isandros, Thebæos et Pisicratès. Mais précisément Alkisthénès reparaît au n° 11, où il achète un immeuble en son nom. Nous ne voyons pas la solution de cette difficulté.

Au n° 12 une autre femme, Amphylis, contracte avec l'assistance de son père. Il en est de même de Philothéa au n° 13. Au n° 20 une autre femme, So... achète assistée de son frère. Au n° 23 deux mineurs, Simias et Aristis vendent assistés de leur frère. Au n° 31, Aristomaché intervient assistée de deux tuteurs qui sont ses fils. Au n° 32, le mineur vendeur paraît être assisté de son père. Les n°ˢ 33, 36, 39 et 40, nous montrent une femme qui vend ou achète avec l'assistance de deux tuteurs lesquels paraissent être ses parents. Au n° 38, les mêmes tuteurs figurent comme assistant un mineur. Au n° 41, Phaniko vend assistée de son père. Enfin au n° 47, Théocléia vend assistée de son frère. Les autres personnes indiquées dans les actes comme tuteurs de femmes sont probablement des maris.

Outre le vendeur et l'acheteur, on voit quelquefois certaines personnes figurer dans les actes comme intervenant pour donner à la vente leur consentement et leur approbation. Ainsi au n° 8, deux femmes qui ne sont pas sœurs et qui ont pourtant le même kyrios, et ce kyrios n'est autre que l'acheteur. Il y avait donc opposition d'intérêts, et en pareil cas, la loi française exige un tuteur *ad hoc*, mais la loi grecque ne paraît pas s'être préoccupée de ce cas. Au n° 16, on voit intervenir le vendeur et le père de l'acheteur. Au n° 17, deux personnes inconnues, et au n° 24, une femme qui est l'arrière venderesse. Au n° 31 une femme intervient, assistée de ses deux tuteurs. Au n° 44, le vendeur des vendeurs intervient pour donner son consentement et déclare qu'il se porte lui-même vendeur, συνπωλοῦντος; une autre personne intervenant dans le même contrat paraît agir dans l'intérêt de l'acheteur. Au n° 45, une femme intervient assistée de son kyrios qui est précisément le vendeur, et qui paraît bien être son mari. Il est probable que ces interventions équivalent à des renonciations. Les intervenants se désistent de tous droits et de toutes prétentions sur l'immeuble, et notamment de leur hypothèque quand ce sont des femmes ou des mineurs.

Dans presque toutes les ventes, il intervient des garants, d'ordinaire au nombre de deux. Cependant on en trouve quatre au n° 11, cinq au n° 12, un seul aux n°ˢ 13, 14 et 19, quatre au n° 22, onze au n° 23, trois au n° 25, un seul au n° 27, cinq au n° 32, un seul au n° 35, sept au n° 36, un seul au n° 42, enfin trois au n° 45.

Ces garants s'appellent πρατῆρες, c'est-à-dire vendeurs. Au n° 41, ils s'appellent πρατῆρες καὶ βεβαιωτῆρες, vendeurs et confirmateurs de la vente. Ils s'obligent en général solidairement. La formule est καὶ μέσῳ πάντες καὶ χωρὶς ἑκαστὸς πάντος τοῦ ἀργυρίου, c'est-à-dire tous ensemble, et chacun à part pour le tout. Toutefois, dans quelques actes la responsabilité se divise et chacun des garants ne s'oblige que jusqu'à concurrence d'une certaine somme. On trouve des exemples de cette division aux n⁰ˢ 23, 32 et 36. Dans ce dernier acte, deux des garants s'obligent pour une partie seulement, et les cinq autres pour le tout.

Ces garants sont, en général, des parents du vendeur. Ainsi au n° 6 c'est un fils du vendeur, au n° 10 deux des trois kyrioi de la venderesse. Au n° 11, un des trois vendeurs figure comme garant. Au n° 12 un des garants, Stratonique, paraît être l'oncle paternel de la venderesse. Au n° 14, un des vendeurs est encore garant. Au n° 18, un frère de l'acheteur; au n° 20, le kyrios de la venderesse; au n° 25, un des vendeurs; au n° 32, un frère du vendeur; au n° 33, les kyrioi de la venderesse; au n° 36, un des kyrioi de la venderesse; au n° 38, les kyrioi de la venderesse, de même au n° 40. Au n° 41, le frère et le père qui est en même temps kyrios de la venderesse.

On voit par là que l'obligation de garantie est absolument distincte de l'obligation du vendeur. Le vendeur n'est pas garant, de droit, mais il peut le devenir par une clause expresse de l'acte.

Le n° 13 mérite une attention particulière. Philothéa vend à Anaxiclès certaines constructions qui ont fait entre les parties l'objet d'un procès perdu par Philothéa. Le prix n'est pas indiqué. Il n'est pas difficile d'apercevoir l'opération qui se cache ici sous la forme d'une vente. Un jugement a tranché une question de propriété; il a condamné Philothéa à restituer un immeuble à Anaxiclès. Philothéa s'exécute, mais il ne suffit pas de restituer, il faut encore rendre cette restitution, emportant translation de propriété, opposable aux tiers. En conséquence, les parties déguisent l'opération sous la forme d'une vente, qui est transcrite. Ainsi, à Ténos, contrairement à ce que dit Aristote dans le passage cité plus haut, on ne transcrivait pas les jugements sur la propriété, mais on transcrivait les actes passés en exécution de ces jugements.

Après avoir examiné et analysé tous ces actes au point de vue juridique, il ne nous reste plus que quelques observations à faire.

Et d'abord il est facile de remarquer qu'à Ténos les immeubles circulaient et qu'il s'en faisait un véritable commerce. Les mêmes noms reviennent fréquemment. On achète et on vend, on vend et on achète. Nous n'avons pas besoin de relever ici les noms de toutes les personnes qui se livrent à de doubles opérations. Nous signalerons seulement Calliphon qui figure comme vendeur au n° 15, comme acheteur au n° 16 et encore comme vendeur au n° 27. Astymaque figure comme acheteur aux n°ˢ 22 et 24, et comme vendeur au n° 45. Enfin Iphicrité vend aux n°ˢ 33 et 36, achète au n° 39 et vend au n° 40, sans parler d'une vente antérieure faite par elle, et mentionnée au n° 41. Tout cela dans un espace d'environ quinze mois (1).

Parmi les personnes qui achètent ou vendent, nous trouvons quatre corporations, à savoir le Thiase de Damyia (n° 11), les Thiasites (probablement de la ville, n° 23), les Agésiléides qui sont peut-être une des tribus de Ténos (n° 31), et enfin les Théoxéniastes, qui paraissent être une corporation religieuse (n°ˢ 44, 45). Pour la connaissance de ces corporations, il nous suffit de renvoyer au livre de M. Foucart, *Des associations religieuses chez les Grecs*, Paris, 1873. Ces corporations vendent et achètent sans qu'il soit fait mention d'aucune formalité particulière. On ne voit même pas qu'elles soient représentées par un agent dénommé dans l'acte.

Enfin nous signalerons une expression remarquable qui se trouve aux n°ˢ 31 et 47. C'est celle de τὸ μετέωρον καὶ ὑποτύπον pour désigner le droit qui fait l'objet de la vente. Ces deux mots s'expliquent l'un par l'autre, et nous pensons, avec M. Newton, qu'il faut traduire ici : un droit incertain et litigieux.

Voici la traduction de cette inscription :

« Ventes de terrains et de maisons, et constitutions de dots faites sous l'archontat d'Aminolas, par devant les astynomes N, N, et N...

Du mois d'Artémision.

1. — Crinylios, fils de ....idès de Thestia, avec son kyrios

(1) Nous savons d'ailleurs que l'île de Ténos était riche. En l'an 425, sa contribution fédérale annuelle était de dix talents, c'est-à-dire environ 60,000 francs (V. *Corpus inscriptionum Atticarum*, I, 37).

Sombrotos, fils de Strymon, de Donaké..... a acheté la maison et les terrains sis à Donaké.... ayant pour voisins...... pour deux mille cinq cents drachmes d'argent. Garants de la vente ....istos.....

Du mois de...., le dernier jour.

2. — Callistarété, fille de Calliphoros... ayant pour kyrios Androgénès, fils de Myrtosis, d'Eschatia, a acheté de N, d'Eschatia, ayant pour tuteur Androgénès, fils de Myrtosis, d'Eschatia, la maison sise dans la ville, dans la septième rue, ayant pour voisins....... que Tisimachos avait prise en hypothèque pour... trois cent vingt drachmes d'argent.... à Androgénès, fils de Myrtosis, d'Eschatia, Callistarété...... à Eutéléia sa...

3. — N, fils de Gripion, d'Héraclée, a acheté..... toutes les constructions..... ayant pour voisins...... pour cent drachmes d'argent.

4. — Praxis, fils de ....sandre........ ayant pour voisin, à gauche en entrant, Théophante.... le quart.... pour... drachmes d'argent. Garants de la vente N, fils de N de Donaké, Aratoskos, fils d'Amaklétos, d'Eschatia, tous ensemble et chacun pour le tout.

5. — Phérécratès, fils de Phéréclès... a acheté de N... de Thrya, les terrains sis à Sichné, le tout tel que Nicodrome l'a acheté de Phérécratès, ayant pour voisins..... pour.... drachmes.

6. — ...atos, fils d'Héraclios, de Clyméné, a acheté de Stratios, fils de Pantaléon, de Thrya, un emplacement à Panormos, connu sous le nom de.... ayant pour voisins Pisic........ Garant de la vente, Pantaléon, fils de Stratios.

Du mois d'Apellæon, le quinzième jour.

7. — Axioniké, fille de Pythocritos, de Thrya, ayant pour kyrios Pisicratès, fils d'Isandros, de Thrya, a acheté de N.. ayant pour kyrios Alkisthénès, fils d'Aglogénès, de Thrya, la maison et les terrains sis à Sichné, au prix de mille six cent soixante et dix-huit drachmes d'argent, trois oboles, ayant pour voisins N, fils de Gorgiadès, d'Eschatia, Cléonikos, fils de Calliphon, d'Héraclée; le tout tel qu'Amphiko,

assistée de son kyrios Démomaque, l'a acheté d'Axioniké
assistée de son kyrios Pisicratès.

8. — Anticharès, fils d'Euporion, de Thrya a acheté de
Pasiphon, fils de Pirios, de Donaké, la maison et les terrains
sis à Elæonte, avec toutes les dépendances de ces terrains, et
l'eau, ayant pour voisins Al... le tout borné par la route qui
conduit du bourg à la tour, et en contrebas, tel que Pasiphon l'a acheté de Simos, fils d'Anaxiclès, à ce consentant
N, fille d'Antipater de Thrya et N., fille de N de Phyca, et
leur kyrios Anticharès, fils d'Euporion, de Thrya, et Cléo-
phane, fils de Cléothéos d'Élithyia, pour cinq mille drachmes
d'argent.

9. — Mnésarque, fils de N de Thestia, a acheté de Dinarque,
fils d'Archéon de Thestia la maison sise dans la ville... ayant
pour voisin N, fils de N de Donaké, pour deux cent trente-
cinq drachmes d'argent.

Du mois de Héræon.

10. — Alcidamas, fils de N de Clyméné, a acheté d'Axioniké, fille de Pythocritos, de Thrya, ayant pour kyrioi Isandros et Thebæos, fils de Pisicratès, de Thrya, et Pisicratès,
fils d'Isandros, de Thrya, la maison et les terrains sis à....
pour deux mille trois cents drachmes d'argent, ayant pour
voisins Crésilas, fils d'Agiadès, d'Eschatia, Cléonique, fils
de Calliphon, d'Héraclée. Garants de la vente Isandros, fils
de Pisicratès de Trya, Thebæos, fils de Pisicratès, de Thrya.

11. — Alkisthénès, fils d'Aglogénès, Nicodromos, fils de
Nicodème, Ac....os, fils de Démétriadès, de Thrya, et la communauté du Thiase de Damyia, ont acheté de N, fille de Phi-
lodème, de Donaké, et de Callinique, fils d'Aristodème, de
Gyra, la maison sise dans la ville, dans la deuxième rue,
ayant pour voisins Pytho... et ....clitos, au prix de mille deux
cent quatre-vingt-sept drachmes quatre oboles. Garants de la
vente Philarchidès, fils de Pythoclès, de Iakinthe, N, fils
de ....opolis, de la ville, Simias, fils d'Aristylos, de Thrya,
Callinique, fils d'Aristodème, de Gyra, tous ensemble et chacun pour le tout. Sur la somme totale les Thryéens payent
sept cent soixante et dix-sept drachmes quatre oboles, et les
Damyiens cinq cent dix drachmes.

Du mois de Héræon, le sixième jour.

12. — Amphylis, fille de Philophon, de Thestia, ayant pour kyrios Philophon, fils de Philothéos, de Thestia, a acheté de Diognète, fils d'Euclès, de Thrya, les parties des terrains et de la maison sis aux Nothiades, ayant pour voisin Posidonios, ainsi que les terrains ayant autrefois appartenu à Euthycratès, et qu'Architelès avait achetés d'Amphylis, assistée de son kyrios Philophon, au prix de quatre cents drachmes d'argent. Garants de la vente Architélès, fils d'Hégéstratos, de Gyra, Anticharès, fils de Grypion, de Thrya, É....lor, fils de Pasiphon, de Donaké, Dém...., fils de ....icos, d'Eschatia, Stratonique, fils de Philothéos, de Thestia, tous ensemble et chacun pour le tout.

13. — Anaxiclès, fils d'Anaximénès, de Thrya, a acheté de Philothéa, fille de Proxène, de Thrya, et de son kyrios Proxène, fils de Soclès, de Thrya, les quatre enclos sis à Sapéthos, en contrehaut du terrain cultivé qui est en bas, du côté du verger, limité en haut par le chemin, et en bas par le ruisseau, ayant pour voisins Æschron... les dits enclos ayant fait l'objet du procès gagné par Anaxiclès contre Philothéa. Garant de la vente, Aristoclès, fils de Polyxène.

14. — Onésimos, fils de Simos, d'Eschatia, a acheté de Pis..................................... Timocrite, fils de Timomaque d'Héraclée, la maison, les terrains et dépendances sis à Herminia, ayant pour voisins Clitarque, Philotas... pour quatre cents drachmes d'argent. Garant de la vente, Timocrite, fils de Timomaque, d'Héraclée.

Du mois de Bouphonion, le... jour après le 10.

15. — Anaxinoé, fille de Lyandros, de Clyméné...... a acheté de Calliphon, fils de Cléton, de la tribu des Héraclides, la maison entière, sise dans la ville, ayant appartenu à Calliphon, dans la cinquième rue, ayant pour voisins .... Cléagoras, fils de Ménippe, d'Elithyia, avec neuf portes à deux battants et les croisées qui sont aux fenêtres, pour deux mille soixante et dix drachmes d'argent. Garants de la vente .... s'obligeant tous ensemble et chacun pour le tout.

Du mois Apatourion.

16. — Calliphon, fils de Ctéton, de la tribu des Héraclides, a acheté de Phocos, fils de Phocion, de Thrya, la maison ayant autrefois appartenu à son père Ctéton, ayant pour voisins Simias et Callicratès, pour mille sept cent drachmes d'argent, avec le consentement de Phocos, et de Ctéton, père de Calliphon.

Du mois Apatourion, le deuxième jour de la première décade.

17. — Timocritos, fils de Timomaque, de la tribu des Héraclides, a acheté de Crinylios et de son kyrios Sombrotos, fils de Strymon, de Donaké, tous les terrains sis à Héristhos, ... appartenant à Simos, ayant pour voisin Morychion, fils de Theænète, de Donaké, pour quatre cents drachmes d'argent, avec le consentement d'Hérésinos, fils de Philopolis ... et d'Anikos, fils de Sotélès, de Sestaïs.

18. — N, fils d'Alcméon, d'Eschatia, a acheté la maison et tous les terrains sis à Éléonte, achetés par Ænikos de ... ayant pour voisin Pénios, pour cinq cents drachmes d'argent. Garants de la vente N, fils de ...tratidès, de la tribu Pisistratide, et Agatharque, fils d'Alcméon, tous les deux d'Eschatia.

Du mois de Posidéon, le 5 de la deuxième décade.

19. — N, fils de ...arque, de Thrya, a acheté de Philothée, fils de Dorothée.... la maison entière sise dans la ville, avec les portes dont elle est garnie, et tout l'emplacement attenant à la maison, le tout tel qu'il appartenait à Philothée, dans la sixième rue, pour six cents drachmes d'argent ayant pour voisins N, fils d'Anaxicrate, et ...méclès, fils de Phanoclès. Garant de la vente, Nicésilas, fils d'Astios, de Clyméné.

Du mois de Posidéon, le 8 de la première décade.

20. — So... fils de.... de Thestia, avec son kyrios Ctésiarque, fils de ... a acheté de Phaniko, fille de Cléosthène, de Jakinthe, et de son kyrios Isoclès, fils de Cléosthène, de Jakinthe, le terrain appelé ... limité par le chemin qui l'entoure, ayant pour voisins Plistarque et Artymaque, pour cent vingt drachmes d'argent. Garants de la vente, Isoclès, fils de Cléosthène, de Jakinthe, N, fils de Cléonique, Théodoros, s'obligeant tous ensemble et chacun pour le tout.

Du mois Anthestérion, le 8 de la première décade, et du mois Artémision.

21. — Télésiclès, fils d'Euclès, des Héraclides, a acheté d'Ortheus, fils d'Orthias, de la ville, les maisons, le quart de la tour et tous les terrains sis à Jakinthe, le tout tel qu'Ortheus l'a acheté de Polycrate, fils d'Epicrate, ayant pour voisins Plistarque et Artymaque, pour deux mille quatre cents drachmes d'argent.

22. — Artymaque, fils d'Aristarque, des Héraclides, a acheté de Télésiclès, fils d'Euclès, Héraclide, la maison et les terrains sis à... le tout formant la part échue à Télésiclès dans la succession de son père, et le surplus acheté par lui de son frère Callitélès, ayant pour voisins Plistarque et Artymaque, et toutes les dépendances qui ont appartenu à Télésiclès et à Callitélès, les conduites d'eaux qui font partie de ces terrains, et en outre le quart de la tour, de la citerne qui est dans la tour, et de la couverture en tuiles, tel qu'il a appartenu à Télésiclès, et encore la maison et le verger que Télésiclès a achetés d'Euthygénès, les récipients de poterie qui sont dans les maisons, l'âne qui sert au manége du moulin, et le pressoir, pour trois mille sept cents drachmes d'argent. Garants de la vente Aratridès, fils de Tychon, de Thestia, Artymaque, fils d'Euclès d'Héraclée, ...arque, fils de Timéphène, de Jakinthe, Euthygène, Aristarque, fils de ..... d'Héraclée, s'obligeant tous ensemble et chacun pour le tout.

23. — Thrasygoras, fils de Charestadès, de la ville, a acheté de Simias, fils d'Aristis, d'Eschatia, et d'Aristis, fils d'Aristis, d'Eschatia, ayant tous deux pour kyrios Simos, fils d'Aristis, d'Eschatia, les maisons, la poterie et les terrains sis à Æsilé, le tout tel qu'il a appartenu à Aristis, les dépendances et les conduites d'eaux qui font partie des dits terrains, ayant pour voisins Alexinos, fils de Callias et ...atès, fils d'Isodème, pour quatre mille sept cents drachmes d'argent. Garants de la vente Harpalinos, fils d'Onétor, d'Elithyia, pour deux cent cinquante drachmes. Pasitecton, fils de Symmaque, de Clyméné, pour huit cent cinquante drachmes, Hiéron, fils de Hiéropolis, d'Élithyia, pour deux cents drachmes, Euthytès, fils d'Héraclios, d'Élithyia, pour deux cents drachmes, Philiscos, fils de ...canos, de Thrya, pour cent vingt drachmes, Thrasygoras, fils de..., pour cinq cents drachmes, N, fils de Morychion, de Donaké, pour mille huit cent trente drachmes, Archagoras, fils de Morychion, de Donaké, pour cinq cents drachmes, Démocrate, fils de ...æos, de Thestia, pour cent drachmes, K... de Clyméné, et la communauté des Thiasites, pour cent cinquante drachmes.

24. — Simos, fils d'Anaxiclès, de Thrya, a acheté de Phasios et de Méropos, de Thestia, ayant pour kyrios N, fils de Simon, de Thrya, la moitié des terrains sis à Eléonte, de la dépendance, de la maison et de la tour, le tout tel qu'Amphylis l'a acheté de Cléothéa, fille de Cléothéos et de son kyrios Cléophanès, ayant pour voisin N... pour sept cent cinquante drachmes d'argent, du consentement de Cléothéa, fille de Cléothéos, et de son kyrios Cléophanès.

25. — Xénodémos, fils de Mœrégénès, d'Ilithyia, a acheté de Pisicratès, fils d'Isandros, de Thrya, la moitié de la maison sise dans la ville, avec les portes dont elle est garnie, et la moitié de l'emplacement, ayant pour voisin Akésimbrotos, pour deux cent cinquante drachmes d'argent, le tout tel que Pisicratès l'a acheté de Thrason, fils de Thrasybule. Garants de la vente Isandre et Thébæos, fils de Pisicratès, de Thrya, et Isandre, fils de Phanoclès, s'obligeant tous ensemble et chacun pour le tout.

Du mois d'Artémision.

26. — Callicrate, fils de Simias, d'Eschatia, a acheté de Tharsagoras, fils d'Agathon, et de Simias, fils de ... d'Héraclée et de la tribu des Héraclides, l'enclos sis à Neuclios, et désigné sous le nom de Liménia, tel qu'ils l'ont acheté de Thrasymède, d'Héraclée, ayant pour voisins Simias et Ctéton, pour quatre cents drachmes d'argent.

Du mois d'Artémision.

27. — N, fils de N, d'Eschatia, a acheté de Calliphon, fils de Ctéton, d'Héraclée, le terrain sis à Héraclée, où est le monument situé en haut des terrains de ..., borné par le torrent qui descend sur le chemin, le long des terrains de Callicrate, ayant pour voisins Ctéton et Simias, pour quatre cent cinquante drachmes d'argent. Garant de la vente Sotadès, fils d'A.....pos, d'Héraclée.

Du mois Targélion.

28. — N, fils de ....pos, d'Eschatia, avec son kyrios Epandros, fils de Cléanor, de la ville, a acheté de N, fils de ...adès, de la ville, la maison et les terrains sis à Sapéthos, le tout tel que N l'a acheté de Timothéa, pour huit cent cinquante drachmes.

29. — Sosias, fils de Phanentas, d'Eschatia, et son kyrios Aristoxène, fils de Théophane, de Jakinthe, a acheté de Praxias, fils de N, d'Eschatia et de son kyrios Philarchidès, de Jakinthe, la maison sise dans la ville, dans la sixième rue, ayant pour voisin Épandros, pour.... soixante drachmes d'argent. Garants de la vente N, fils d'Aristothée, de Donaké, Euthytès, fils d'Héraclios, d'Élithyia.

30. — Archis..... de la ville, ayant pour kyrios Timomaque, fils de Timomaque, d'Héraclée, a vendu la maison qui avait appartenu à Eubule, et que Praxias avait achetée d'Eubule, pour sûreté d'un prêt, sous l'archontat d'Archos, fils d'Euporion, ayant pour voisins Callidamas, Pantaléon, pour cent drachmes d'argent. Est intervenu à l'acte de prêt et s'est obligé en même temps Pythocrite, fils d'Androgène, de la ville.

Le dernier jour du mois d'Élithyæon.

31. — N, fille de N, de Clyméné, avec son kyrios Cléomède, fils de Pythostratidas, d'Héraclée, a acheté de N, d'Eschatia, et de la communauté des Agésiléides, la propriété incertaine et litigieuse de la maison, sise dans la ville, ayant appartenu à N, pour cent drachmes d'argent, ayant pour voisins Philarchidès, fils de Théoxène, de Jakinthe, à ce consentant Aristomaché, fille de Sosimène avec ses kyrioi qui sont ses enfants, Pyrrhakos et Thespieus.

Du mois de Héræon, le deuxième jour de la première décade.

32. — Sosigène, fils de Sosicrate, de Thrya, a acheté de Thespieus, fils de Dorothée, de Thestia, et de son kyrios Dorothée, fils de Critodème, de Thestia, la maison et tous les terrains sis aux Bains, et les eaux qui dépendent de ces terrains, ayant pour voisin Callicratès, jusqu'au cours d'eau, le tout borné par le mur qui forme la limite des terrains de Callicratès et qui remonte vers le chemin et qui, à partir du chemin, s'infléchit vers la source, et encore borné par le mur de Mélisson, situé dans les terrains de Callicratès, fils de Mélisson, ledit mur enfermant la propriété, encore par le torrent, en remontant vers les terrains de culture de Callicratès, en suivant le mur circulaire jusqu'à la borne de la moitié du pacage, vers le torrent qui descend à la mer et qui confine aux terrains de culture de Mnéso, sept jarres en terre, un pressoir et des portes à deux battants, pour cinq cents drachmes d'argent. Garants de la vente Conon, fils de Phéréclès, de Thestia, pour 125 drachmes, Déméas, fils de Nicomaque, de Thestia, pour 125 drachmes, Néoptolème et Diagoras, fils d'Astios, tous deux de Thestia, pour 125 drachmes, Boéthos, fils de Dorothée, de Thestia, pour 125 drachmes. Boéthos est aussi garant de la vente pour les autres 375 drachmes.

33. — Stratios, fils de Pantaléon, de Thrya, a acheté d'Iphicrité, fille de Chérélas, d'Élithyia, assistée de ses kyrioi Timocrate, fils de Chabyssios, de Thestia, la maison sise dans la ville, ayant pour voisins Anticlès et Néoptolème, pour mille drachmes d'argent; garants de la vente Timocrate et Chérélas, fils de Chabyssios, de Thestia.

34. — Aristonoé, fille de Nicostrate, de la tribu Sestaïde, avec son kyrios Pantaridès, fils de Pantaléon, de Thrya, a acheté de Chérélas, fils de Chabyssios, de Thestia, la maison et les terrains sis à Casménion, et toutes les dépendances des dits terrains, ayant pour voisins Pyrracos et Chartados, pour quatre mille neuf cent cinquante drachmes d'argent, prix du surplus, duquel prix Chérélas était resté débiteur envers Aristonoé sur le prix des terrains sis à Æsilé et à Casménion, et achetés par lui d'Aristonoé.

35. — Aglaïs, fille d'Æn... de la ville, ayant pour kyrios Isodème, fils d'Isodème, de Donaké, a acheté de N., fils de N. de la ville, la maison et les terrains sis à Panormos, désignés sous le nom de Emmélia, ayant pour voisins P... et Baschion, et toutes les dépendances des dits terrains, pour sept cents drachmes. Garant de la vente Hégéléos, fils de Télestrate, de Thrya.

Le premier du mois de...

36. — Hégéas, fils d'Amphion, d'Élithyia, a acheté de Chérélas, fils de Chabyssios, de Thestia, de Phido, fils de Chabyssios, de Thestia, d'Iphicrité, fille de Chérélas d'Élithyia, et de ses kyrioi Timocrate et Chérélas, fils de Chabyssios, tous deux de Thestia, la maison et les terrains sis à Gyra, le tout tel qu'il a appartenu à Chabyssios, père de Chérélas et de Phido, ayant pour voisins Aristandre et Mantinée, les dits vendeurs s'obligeant tous ensemble et chacun pour le tout, tout le terrain et toutes les dépendances de ces terrains, et toutes les eaux qui servent à la culture, et toute la poterie qui s'y trouve, et les portes qui y sont, et tout l'aménagement, pour six mille drachmes d'argent. Garants de la vente Stratios, fils de Pantaléon, de Thrya, pour mille drachmes, Polycrate, fils d'Épicrate, de Donaké, pour mille drachmes, Pasiphile, fils de Philémon, de la ville, Pantaride, fils de Pantaléon, de Thrya, Timocrate, fils de Chabyssios, de Thestia, Ænésias, Aristonax, fils d'Aristolochos, tous deux de Thestia, tous ensemble et chacun pour le tout.

37. — Ænésias, fils d'Aristolochos, de Thestia, a acheté de Pasiphon, fils de Pirios, de Donaké, la maison sise dans la ville, ayant pour voisins Aristide et Néopt... pour six cent cinquante drachmes d'argent, la dite maison hypothéquée à Philémon. Garants de la vente, Philémon, fils de Pasiphilos, Pasiphilos, fils de Philémon, de la ville.

38. — Aristonax, fils d'Aristolochos, de Thestia, a acheté de Phido, fils de Chabyssios, de Thestia, assisté de ses kyrioi Timocrate et Chérélas, fils de Chabyssios, de Thestia, la moitié de la maison et des terrains sis à Héristhos, et de leurs dépendances, ainsi que de l'eau, tel que le tout a appartenu à Chérélas, père de Phido, ayant pour voisins Iphicrité et les enfants de Dicratès, pour deux mille cinq cents drachmes d'argent. Garants de la vente, Timocrate et Chérélas, fils de Chabyssios, de Thestia.

39. — Iphicrité, fille de Chérélas, d'Élithyia, assistée de ses kyrioi Timocrate et Chérélas, fils de Chabyssios, de Thestia, a acheté d'Archagoras, fils de Morychion, de Donaké, la maison et les terrains sis à Élithyia, le tout tel qu'Archagoras l'a acheté d'Iphicrité, ayant pour voisins Cléagoras et Aristophane, pour cinq mille drachmes d'argent.

A la bonne Fortune. — Sous l'archontat d'Aminolas.

Du mois de Bouphonion, le cinquième jour de la première décade.

40. — Phaniko, fille de Pasiphilos, de la ville, assistée de son tuteur Pasiphilos, fils de Philémon, de la ville, a acheté d'Iphicrité, fille de Chérélas, d'Élithyia, assistée de ses kyrioi Timocrate et Chérélas, fils de Chabyssios, tous deux de Thestia, la maison et les terrains sis à Élithyia, avec les dépendances et les eaux appartenant aux dits terrains, et tout l'aménagement agricole, ayant pour voisins Charippidès et Cléagoras, pour huit mille drachmes d'argent. Garants de la vente, tous ensemble et chacun pour le tout, Timocrate et Chérélas, fils de Chabyssios, tous deux de Thestia.

41. — Épandre, fils d'Hégéléos, de Clyméné, a acheté de Phaniko, fille de Pasiphilos, de la ville, assistée de son kyrios Pasiphilos, fils de Philémon, de la ville, la moitié des terrains et de la maison sis à Élithyia, et des dépendances, le tout tel que Phaniko l'a acheté d'Iphicrité, ayant pour voisins Cléagoras et Charippidès, pour quatre mille drachmes d'argent. Garants et confirmateurs de la vente des terrains et de la maison Philémon, fils de Pasiphilos, de la ville, et Pasiphilos, fils de Philémon, les deux ensemble et chacun pour le tout.

Sous l'archontat d'Aminolas, *mois de Bouphonion.*

42. — Alkippé, fille de Cléophanès, d'Élithyia, assistée de son kyrios Hégéléos, fils d'Épandre, de Clyméné, a acheté de Kallio, fils de Diodème, de Thestia, et de son kyrios Diætos, fils de Posidonios, de Thestia, la maison sise dans la ville, dans la troisième rue, ayant pour voisins Polyænos et Apémantos, le tout tel que Callio et son kyrios Diætos, l'ont acheté de Théodippos, pour neuf cents drachmes d'argent. Garant de la vente, Cléagoras, fils de Ménippos, d'Élithyia.

43. — Aristokidès, fils de Télésagoras, d'Héraclée, a acheté de Soclès, fils de Leukippos, de Thrya, les terrains sis aux Nothiades, le tout tel que Leukippos l'avait acheté d'Aristylos, ayant pour voisin Philoclès, y compris la maison et l'aménagement desdits terrains, et les conduites d'eau qui appartiennent auxdits terrains, pour deux mille cinq cents drachmes d'argent. Garants de la vente Polymnestès, fils d'Anticharès, de Thestia, D..., fils de .....oclès, de Thrya.

Du mois de Bouphonion, le cinquième jour de la première décade.

44. — Artymachos, fils Aristarchos, d'Héraclée, a acheté de Thespieus, fils de Thespieus, de la ville, et d'Aristonax, fils d'Aristolochos, de Thestia, et de la communauté des Théoxéniastes, avec le consentement d'Euthygène, qui se porte aussi vendeur, la maison et les terrains sis à Jakinthe, désignés sous le nom de Sosériéia, le tout tel que Thespieus et Eubios et la communauté des Théoxéniastes l'ont acheté d'Euthygène, ayant pour voisins Artymachos et Plistarchos, pour trois cents drachmes d'argent, avec le consentement d'Euphranor.

45. — Thespieus, fils de Thespieus, de la ville, et Aristonax, fils d'Aristolochos, de Thestia, et la communauté des Théoxéniastes, ont racheté d'Artymachos, fils d'Aristarchos, d'Héraclée, les terrains sis à Jakinthe, connus sous le nom de Sosériéia, le tout tel qu'Artymachos l'a acheté de Thespieus et d'Aristonax, et de la communauté des Théoxéniastes, ayant pour voisins Artymachos et Plistarchos, pour trois cents drachmes d'argent, à ce consentant et donnant son approbation Manto, fille de Démocrine, de la ville, avec son kyrios Artymachos, fils d'Aristarchos, d'Héraclée. Garants de la vente Démocrine, fils de Démonique, de la ville, Démonique et Théophron, fils de Démonique, de la ville.

46. — Phokos, fils de Phokion, de Thrya, a acheté d'Athénadès, fils d'Amphithéos, de Thestia, ayant pour kyrios Anaxithéos, fils d'Athénadès, de Thestia, la maison et le terrain sis à Élithyia, pour mille quatre cents drachmes d'argent, lesquels maison et terrain Phocos a vendu à Athénadès en empruntant à Athénadès mille quatre cents drachmes, ayant pour voisins Pharax et Néoptolème.

Du mois d'Apatourion, le douzième jour.

47. — Amphiclès, fils de Phanoclès, d'Eschatia, a acheté de Théocléia, fille de Pasiphilos, de la ville, assistée de son kyrios Théænète, fils de Pasiphilos, de la ville, le droit éventuel de propriété sur une construction sise dans la ville, dans la septième rue, à l'entrée, avec la poterie qui s'y trouve et les portes, et le passage pour aller à la maison, ayant pour voisins Pharax et Léodamas. »

II.

Dans l'inscription d'Amphipolis, la formule est la même, seulement la vente a lieu devant deux témoins, et le garant prend le nom de confirmateur de la vente, βεϐαιωτής.

« A la bonne fortune. Théiocharès, fils de Nicéas, a acheté de Théodore, fils de Polémon, la maison ayant pour voisins Mennéas, fils d'Asandros, Théodore lui-même, et Nicanor, fils d'Épicrate, pour trois cents pièces d'or. Confirmateur de la vente Démonikos, fils de Richnos. Témoins Stésiléos, fils d'Orgeus, Aristogénès, fils d'Astinos. Hermagoras étant prêtre d'Esculape, Eschyle étant épistate. »

Cette inscription paraît être de l'époque macédonienne.

III.

Nous passons maintenant à l'inscription d'Amorgos.

En voici la traduction :

« Au nom des Dieux. Sous l'archontat de Panocrate, au mois d'Anthestérion, Nikératos a vendu, lui, et sa femme Hégécraté, et le kyrios de celle-ci, Télénikos, à Ctésiphon, fils de ....., les terrains et la maison, et toute la poterie que Nikératos possède en suite du partage fait par lui avec son frère Ancenès, plus tous les terrains que Nikératos a achetés d'Ischyrion, plus les terrains que Nikératos possède, comme lui ayant été remis à titre d'hypothèque par Exakestos ; le tout pour cinq mille drachmes d'argent, et à réméré. Nikératos paiera à Ctésiphon chaque année, comme fermage, cinq cents drachmes d'argent, franches d'impôt. »

Il s'agit, comme on le voit, de la transcription d'une vente à réméré, c'est-à-dire d'un contrat pignoratif. L'emprunteur

reste en possession des immeubles à titre de fermier, et paye
l'intérêt de la somme prêtée, sous forme de fermage, à 10 0/0.
C'est pourquoi il s'engage à payer cette somme franche d'impôt, et sans retenue, comme nous dirions aujourd'hui. Mais
ce qu'il y a de remarquable, c'est que parmi les terrains ainsi
vendus à réméré par Nikératos, il s'en trouve quelques-uns
dont Nikératos n'est proprétaire lui-même qu'à titre pignoratif, comme créancier d'Exakestos, en sorte qu'Exakestos
pourra exercer le réméré non-seulement contre Nikératos,
mais encore contre Ctésiphon, tiers-acquéreur. La charge qui
pèse sur le fonds est indiquée dans l'acte, et Ctésiphon s'engage, par là même, à la supporter.

Dittenberger (1) suppose que, Exakestos étant devenu in-
solvable, la propriété incommutable et définitive a passé à
Nikératos par l'effet du pacte commissoire, qui opérait de
plein droit. Cela est possible, mais l'hypothèse n'est pas né-
cessaire. Celui qui est propriétaire à charge de réméré a le
droit de vendre, toujours à charge du réméré. En outre,
l'expression du texte ἃ ἔχει θέμενος paraît bien indiquer que la
charge n'est pas éteinte, qu'elle dure encore. La femme de
Nikératos, Hégécraté, intervient au contrat, assistée de son
kyrios Télénikos, autre que son mari. Son intervention n'a
évidemment d'autre but que de renoncer à l'hypothèque
qu'elle a sur les biens vendus, à titre d'ἀποτίμημα, pour garantie de sa dot.

IV.

A proprement parler, il n'y avait pas, à Athènes, de registre des transcriptions. Mais on arrivait au même résultat
d'une autre manière. Théophraste nous l'apprend. « La vente,
dit-il, est affichée à l'avance, dans le lieu où siège le magistrat, pendant soixante jours au moins, et l'acheteur paye le
centième du prix, pour qu'il soit libre à tout venant de ré-
clamer et de contester, et que l'on sache, par le paiement du
droit, quel est le juste acquéreur. » En d'autres termes, on
tient registre, non des ventes, mais du droit fiscal acquitté

(1) *Sylloge inscriptionum græcarum* (1883), nᵒ 438.

par les acquéreurs, ce qui, en fin de compte, revient au même. M. Köhler, dans le deuxième volume du *Corpus inscriptionum atticarum*, publié en 1883, a réuni, ainsi que nous l'avons déjà dit, sous le titre de *Rationes centesimarum*, les fragments qui nous sont parvenus de ces registres du centième denier. Ces fragments qui sont du IVe siècle avant notre ère, sont assez mutilés. Voici pourtant ce qui offre un sens assez certain pour être traduit :

A

1. — ..... au dème d'Alopèque; acheteurs Stratippos, fils de Strat..... Lysithéos, fils de Lysithéos, de Tithrasia.

2. — Les hiéromnémons d'Héraclès, Charisandros, fils de Démocritos, Démoclès, fils de..... d'Alopèque, ont vendu un terrain à Alopèque. Acheteur Lysicratès, fils de Lysimaque d'Aténé.

Total 13 talents 3,300 drachmes
dont le centième est 813 drachmes.

B

. . . .

3. — De Salamine le président des Eicadiens, Olympiodore, fils d'Eumélos..... a vendu un terrain à Salamine, à Chytreæ; acheteur Dorothée, fils de Théodore, d'OEa, 20.....

4. — ..... un jardin à Pallène. Acheteur..... ippos, fils de Molpis, de Pallène, prix 250, centième 2 drachmes 3 oboles.

5. — ..... administrateur..... fils de Théopompe, de Pallène, a vendu un terrain à Pallène. Acheteur .....énès, fils de Charios, de Pallène, 50 drachmes, centième 3 oboles.

6. — ..... administrateur ..... fils de Théophile d'Anaphlyste, a vendu un terrain à Anaphlyste. Acheteur .....idès, fils de Dioclès de Sounion; 800 drachmes, centième 8 drachmes.

Total 20 talents 3,644 drachmes
dont le centième est 1,236 drachmes 3 oboles.

C

7. — ..... une autre parcelle aux Kydantides. Acheteur Nicoclès, fils de Lysiclès, de Kydanta. 162 drachmes 3 oboles.

8. — Un autre terrain aux Kydantides. Acheteur Nicocharès, fils de Théophile, de Kydanta. 1,000.

9. — Un autre terrain aux Kydantides. Acheteur Anticlidès, fils d'Antigénès, de Kydanta. 875.

Total 4,837 drachmes 3 oboles,

dont le centième est 48 drachmes 2 oboles.

D

10. — ..... Euphanès a vendu une parcelle à Képhala. Acheteur Nicomaque, fils de Polylæos de ..... 62 drachmes 3 oboles, centième $3\frac{1}{2}$ oboles.

11. — Straton, administrateur des esclaves, fils de Mnésiphanès de Cothoke, a vendu un terrain à Cothoke. Acheteur Straton, fils de Mnésiphanès, de Cothoke. 100, centième 1 drachme.

12. — L'administrateur des Aphidantides, Léontios, fils de Calliadès, d'Épiképhisia, a vendu un terrain à Cothoke. Acheteur Mnésimaque, fils de Mnésochos. 250 drachmes, centième 2 drachmes 3 oboles.

Les trois autres fragments ne contiennent que des noms, et sont trop mutilés pour qu'il y ait intérêt à les traduire. On voit très bien, par ceux qui précèdent, comment étaient tenus les registres qui étaient, avant tout, des comptes de perception du centième denier, et qui servaient accessoirement de registres de transcription.

Nous ne ferons qu'une observation. Au n° 11, Straton, fils de Mnésiphanès, de Cothoke, figure à la fois comme vendeur et comme acheteur. C'est qu'il vend en qualité d'administrateur, et qu'il achète en son nom personnel. La loi prescrivait-elle quelques mesures pour les cas de ce genre? Nous n'en connaissons aucune. Ce qu'il y a de certain, c'est que le percepteur du centième denier n'avait pas à s'en préoccuper.

Bar-le-Duc. — Imprimerie Contant-Laguerre.